당신의 그리움은 안녕한가요

송성련 시집

문학의전당 시인선
390

당신의 그리움은 안녕한가요

송성련 시집

문학의전당

시인의 말

당신의 사람이라고
당당하게 말하지도 못하고
그렇다고 떠나지도 못하면서
행여 옷자락 밟을까 전전긍긍하는
음지의 사랑을 압니다.

코끼리의 귀처럼 펄럭이는
승냥이의 눈에 서리기도 하는
개미허리에서 풀린
그리움과 외로움 희망의 쓸쓸함까지
외사랑의 몸 빌어 풀어주고 싶습니다.

2025년 7월
송성련

차례   시인의 말

제1부

불러오기　13
꽃사과나무와 비둘기와　14
매화 피다　16
완곡한 슬픔　17
붉은발농게　18
빨래판　20
낫의 정령　22
함 만져 보자　23
붉은 이끼　24
붉은 멍　26
그게 뭐라고　27
나 언제 이렇듯 깊고　28
아야진해변에서　30
매미　32

제2부

비의 동화 35
한밤중 목련 앞에 섰습니다 36
어디 아픈 거야 38
작약 40
초겨울 풍경 41
어느 바람을 만나 42
무료 급식소 44
구룡사 법문 45
향기 46
혼자가 아니에요 48
당신의 그리움은 안녕한가요 49
선재길에서 50
합장 52
혓바늘만 돋아나 54

제3부

하울링 57
포도 먹는 방법 58
구절초 60
민물가마우지 61
목련나무를 보다가 62
라일락 64
만공 토굴에 와서 65
덩굴장미 66
공기뿌리 68
물음표 70
자목련 71
난파선 72
부추전 74
다시 만나요 76

제4부

참 다행입니다   79
남방돌고래   80
초 한 자루   82
첫눈 오던 날   84
수타사 계곡에서   85
바래복사나무   86
춘백   88
백순이   90
마시란 해변   92
플라타너스   93
주상절리   94
상족암에서   96
안동에서   98
다시 봄   100

해설 | 당신과 가족, 그리고 불교 제재   101
       | 공광규(시인)

제1부

불러오기

빈 찻잔을 부엌으로 들고 가다
멈춰진 걸음

빈 잔이
아직도 온기를 전해주고 있었기 때문이지요

아무것도 없다고 생각한 빈 잔에서
품고 있던 그것의 고유한 향이 올라왔어요

얼굴 가까이 대고 숨을 깊이 들이마셨더니
이미 내 속으로 들어간 향과 잔향이 서로 만나네요

가슴에 담았던 당신을 잃어버리고
향기마저 날려버린 빈터

찻잔 속에서 피어나는 꽃잎처럼
당신의 얼굴 화안히 떠오릅니다

꽃사과나무와 비둘기와

꽃사과나무 가지에 비둘기 앉아
붉게 익은 열매 따 먹고 있다

비둘기는 아마
도시의 보도블록 쪼다
허기진 날개로 날아왔을 것이다

꽃사과나무 봄부터
가느다란 가지 끝까지
꽃을 매달아 놓더니

비둘기 발가락 색깔 닮은
붉은 열매
가지마다 챙겨 놓았다

비둘기 무심하게 날아가 버리고
뒤 한번 돌아보지 않는데

꽃사과나무는
한참 동안 가지를 흔들고 있었다

매화 피다

두꺼운 커튼을 젖히고
무심히 내다본 창밖

연분홍 잇몸 드러내고
새하얀 젖니로
봄을 깨물고 있는 매화

한걸음에 달려 나갔다

당신,
언제부터 서 있었던 거예요?

완곡한 슬픔

위잉 하는 기계 소리에 창밖을 내다봅니다
화단의 웃자란 망초꽃
예초기에 잘리고 있었지요
들판에 자리했다면 잘려나가지 않았을 텐데
초록 내음이 슬픔으로 퍼지더군요
삶의 중심부로 들이지 못한 당신을
아주 잠깐 생각했어요
인연이 아니게 된 당신이지만
마음만은 완전히 잘려나가지 않고 있었나 봐요
며칠 뒤
주저앉은 망초꽃 거두어진 자리에
키 작은 풀들이 땅을 덮고 있는 모습
슬픔이 완곡하게 자라고 있었지요

붉은발농게

이슬비 내리는 소래습지
물 빠진 갯골엔 배 한 척 쉬고 있고

깃을 고르던 갈매기
갯벌을 헤적이고 있네요

몸집보다 큰 집게발 가슴에 접어두고
작은 발로 진흙 일구던 붉은발농게

무심한 발소리에도 숨어들기 바쁜
당신 모습 닮았네요

찰진 갯벌처럼 감겨오면 좋으련만
잡힐 듯 잡히지 않는 내 사랑

한 발짝 다가가면
구멍 속으로 도망쳐 버리는 당신

서러움으로 검게 타버린 가슴엔
게워놓은 사랑이 늘비하답니다

빨래판

다섯 남매 배냇저고리부터
명절날 벗어놓고 간 양말까지
치대고 문지르던
까만 물때 낀 빨래판

퉁퉁 불어
모서리가 닳은 채
욕실 타일 벽에 기대고 있다

생선 광주리
머리에 이고 다녀도
그림자처럼 달라붙던 가난

앞서 떠나간 아들
슬픔의 자궁에 품고
비탈진 다랭이논
땀으로 물 대던 어머니

키 낮은 시골집 욕실
목욕 의자에 앉아
물결무늬로 출렁이고 있다

낫의 정령

서리 맞은 고춧대가 부른다며
낫 한 자루 친구 삼아
안골 밭으로 가는 노모

도톰하니 벼린 낫으로
잡풀 베어 길을 트고
엉켰던 줄기 걷어내어
햇살 아래 꺼내놓은
자식 같은 고구마

구멍 뚫린 뼈처럼
진기 빠져가는 낫
소마구 담벼락에 비스듬히 기대놓고
구부려 주무시는 얼굴에
낫의 정령이 포개진다

함 만져 보자

명절에나 내려오는 아들 내외
차례상 물리자마자
대문 나선다

봉지와 봉지 챙기던 어머니
낮은 돌담 지팡이 삼아 뒤따라가도
굽어버린 걸음 느리기만 한데

차 출발하기 전 겨우 다가가
반쯤 내린 차창 틈
손 넣으며 하는 말씀

함 만져 보자
대물림되는 반지처럼
내 손가락을 휘감는 말씀

붉은 이끼

산비둘기 우는 소리 들으며
치악산 상원사 오르는 길
계곡물 얕게 졸졸거리고
물가 바위 한쪽에는 이끼가 덮여 있다

여리고 키 작은 물풀
다른 식물이 자랄 수 없는 척박한 곳에
악착같이 뿌리내려
마침내 이룬 보금자리
초록으로 생기롭다

관음보살 뵙고 하산하는 길
이끼 앞에 다시 앉았다
좀 있으면 팔월
땡볕과 장마의 나날일 텐데
어떻게 견딜는지

기아와 내전 피해 사선을 넘다 붙잡혀

본국으로 돌려보내려는 국경수비대에
제발 제발 하며 매달리다가
돌연 바위에 머리를 찧어
붉은 이끼를 피워냈다

어젯밤 티브이에서
절규하던 시리아 난민 모습이다

붉은 멍

목욕탕에서 마사지 받고 나와
거울에 전신 비춰보았어요

등이며 팔다리에 낭자한 어혈
연산홍 꽃잎 짓이겨 놓은 것 같았지요

살 속에 박혀 보이지는 않지만
분명히 느껴지던 통증처럼

보이지는 않지만
사라지지 않는 것들이 있다지요

쓸쓸해지는 저녁이면 멍처럼 올라오는
당신, 그리움 같은

그게 뭐라고

풀 한 포기
나무 한 그루 없는
시멘트 우리에서
20여 년을 갇혀 살다가
청소하는 틈을 타 자연으로 나온
사자 한 마리

두 시간 동안 걷다가
공포에 갇힌 사람들에 의해 사살되기 전
유일하게 한 자유로운 행동은
나무 그늘 아래 풀섶 위에
가만히 앉아 있는 것

풀과 나무 그늘
그게 뭐라고

당신도
풀과 나무 그늘을 그리워한 적 있나요

나 언제 이렇듯 깊고

날카롭게 세운 무릎에
얼굴을 파묻고 있는 나를
당신은 고개를 갸웃 바라보았었지요
걱정스러운 듯

나를 쓰다듬는 부드러운 눈빛에
웅크린 마음을 풀고
강가의 따스한 조약돌 같은 당신 배에
귀를 묻곤 했었지요

마음 한구석 결석으로 뭉쳐
나를 찌르던 말들
당신의 온기로 녹여낼 수 있었지요

나 언제
이렇듯 깊고
맑은 눈망울을 받아보았을까요

나 언제
이렇듯 조용하고 부드럽게
당신을 바라보았었나요

아야진해변에서

한적한 외딴 바닷가
오랜 세월 부서지고 깎여
많은 이야기를 품고 있는 모래에 누워
멀리 있는 수평선과 눈을 맞추었어요

바다는 푸른 눈동자를 깜빡이며
무엇이 이곳으로 이끌었는지 물었고
인적 드문 곳에 알을 낳는 괭이갈매기처럼
나는 모래톱에 우울을 묻고 싶다고 답했지요

날카로운 면도 모서리도 없는 것을
찾아 헤맸다고 했어요

한나절 내내 꼼짝하지 않는 모습에
애를 태우던 먼 바다는
파도를 크게 키워 하얀 울음꽃을 피워냈고
해거름이 되자 얼굴마저 벌겋게 붉히더군요

당신은 왜 그토록 나를
돌려보내려 했나요
그 가을 아야진해변에서

매미

참매미가 웁니다

그 막힐 듯한 숨 안쓰러워
매미와 한마음으로 숨 건너봅니다

아마 세레나데는
목울대 도드라지도록
피 터지게 불러야
겨우 모습 보이나 봅니다

이른 아침
소리 내는 법 잊어가던 가슴에
매 앰 맴
옛 노래의 음표 내려앉습니다

제2부

비의 동화

 물기 흠뻑 머금은 산 초입부터 신발 벗어 오른쪽 어깨에 걸치고 발가락 사이로 삐져 올라오는 붉은 흙의 속삭임 들어보세요

 빗방울 어깨에 내려 미끄럼 타고 맨다리에 착 달라붙는 물방울로 시소 타는 아이 되어보세요 숲속 빈 의자에 앉아 빗물처럼 반질거리는 슬픔 슬며시 훔쳐내도 괜찮아요

 젖어버린 야구모자 그 좁은 챙으로 궁전을 지어 소나기 피해 날아든 하루살이 품어주고 젖은 날개로 공중을 받치는 흰나비의 몸짓에도 응원을 보내주어요

 그리하여 날머리쯤 달달하게 익은 계수나무 둥근 잎 한 잎 두 잎 받아 가셔요

한밤중 목련 앞에 섰습니다

 저 가느다란 가지에 몇 개의 꽃이 피고, 그 가지에 핀 꽃잎의 크기가 다르며, 우듬지의 위치에 따른 미세한 빛깔의 차이를 궁금해하지도 않고, 다가가 꽃잎 한번 쓰다듬어 주지 않은 채 그렇게 이 봄을 보내도 되는 건가요?

 창밖의 저 목련은 내가 던지는 가벼운 눈짓에 가슴을 떨기도 하고, 한 번쯤 나와 보지 하는 서운함도 가졌을 것이며, 서운함을 그리움으로 치환하였을 것 같습니다. 그저 거기 서 있는 존재가 아닌, 삶의 근원을 주기 위해, 오래전부터 창문 너머로 나를 지켜보지는 않았나 하는 생각도 해봅니다.

 기력이 다해가는 당신을 집으로 모시고 잠자리와 식사를 챙겼지만, 마음만은 챙기지 못한 후회가 밀려듭니다. 지나간 회한의 말들, 하고 또 하는 말들을 나는 외면했었지요. 혼자 빈집을 지키며 귀가를 기다렸을 당신에게 아주 짧은 시간만을 선물했었죠. 당신 마음의 허기와 발끝부터 차가워지는 당신의 몸을 알아차리지 못한 채,

한밤중 목련 앞에 섰습니다. 화장장 굴뚝을 빠져나온 연기가 갈피를 잡을 수 없게 흩어지듯, 꽃잎을 살짝 만졌는데 너무 늦었다는 듯 스르륵 떨어져 내리고 맙니다. 떨어져 내려 뿌리를 덮고 있는 꽃잎이 당신 마음은 아닌지요.

어디 아픈 거야

비탈진 산길을 올라
이른 아침 수종사에 도착했어요

긴 시간 동안 독경 소리와 함께
밑동 굵어진 은행나무
그 아래
머리에 수건을 두른 이가 잡풀을 뽑고 있더군요

꺾인 풀은 비린내 풍기고
들춰진 흙은 생살의 상처를 내보이는데

까마귀의 울음소리 꺼질 듯 내려앉으니
잡초 뽑고 있던 사람 은행나무 올려다보며

저것이 어디 아픈 것 같은디
어디 아픈 거야~
응?

까마귀 대답이라도 하듯
앓는 소리를 한 번 더 내더군요

울음소리 하나로
까마귀의 안녕을 살피는 촌부처럼

당신도 내게 물어주면 좋겠어요
어디 아픈 거야, 라고요

작약

이쁘다 이쁘다 하며
당신이 눈 맞추던 마당 한쪽
환하게 피어나던 작약꽃

개구리 울음소리 짙어지는 오월이면
화려한 날개로 펼쳐지던 꽃잎들

올해도 어김없이 피어나
수돗가나 뒤란으로 꽃잎 날리며
가고 없는 당신 찾고 있습니다

저 꽃들은 생각이나 했을까요
갑작스러운 이 이별을

당신도 뒤척이고 있나요
보랏빛 그리움으로

초겨울 풍경

매운바람 부는 가지에 매달린 갈잎들
참새 떼처럼 우르르 땅으로 내려앉아요

바람에 이끌려 정신없이 헤매더니
어느새 다시 갈참나무 아래로 모여들어요

물관을 닫아 잎을 떨어뜨리는
저 나무의 닫히지 않는 마음도

떠났다가 되돌아오는 낙엽의 누런 애처로움까지도
알 것 같기도 한데요

이별이 그렇게 쉬울라고
영원히 반복될 인연

내 마음에 뒹굴던 비문들이
겨울 대지에 이리저리 쓸려 다니고 있어요

어느 바람을 만나

솔가지에 두툼하게
꽃사과 붉은 열매 위에도
눈이 첩첩 쌓여 가요

눈의 무게에 갇혀버린
소나무와 꽃사과나무

어느 순간
한차례 바람이 세게 불어
가지를 짓누르던 눈들
점점이 흩어져 날려요

무게를 털어낸 솔가지
푸르름으로 오뚝해지고요

당신
어느 바람을 만나
가벼워지길 빌어요

내가 당신을 만나
삶이 가벼워진 적 있었듯

무료 급식소

돌 틈 사이 뿌리 뻗은 코스모스

망울의 결계를 풀어헤치고

꽃을 피우더니

허기진 벌들 불러 모아

무료 급식이 한창입니다

구룡사 법문

와룡산 능선에 자리한 구룡사
살림살이 걱정될 정도로 고요한 곳
그 텅 빈 곳을 가득 채우는 것은

절 마당 귀퉁이 무심한 백구 숨소리
앞산에서 읊는 까마귀의 독경
돌담 칡넝쿨 바람에 볼 비비는 소리
동백 열매 여물어지는 소리
오래 산 느티나무에 이끼가 더해지는 소리
늦가을 풀벌레 다급하게 임 부르는 소리
공양 과일 담아왔던 검정 봉지
파르락거리며 법당 안을 넘보는 소리들

대웅전에 무심하게 앉아 계신 분
이 진언들 다 듣고 돌아앉아
찬찬히 두드리는 목탁 소리

향기

아파트를 끼고 흐르는 작은 개울가를 산책했어요. 낮은 파열음을 내며 흐르는 개울과 쥐똥나무를 사이에 두고 걸었답니다. 총상화서로 피어 있는 쥐똥나무의 꽃은 이름과는 달리 바닐라 향이 났어요. 조금 더 걷다가 만난 연노랑의 장미꽃은 철제 펜스의 네모난 구멍 사이로 고개를 내밀고 있었어요. 반쯤 열려 있는 꽃봉오리에 코를 대어 보았지요. 신기하게도 아무 냄새도 나지 않았어요. 다른 꽃송이의 냄새도 맡아 보았어요. 이번에도 기대한 장미 향은 나지 않더군요. 정말 이상한 장미꽃이었어요.

아파트로 들어오자 조경수로 식재된 소나무에 새순이 뾰족뾰족 허공을 뚫고 있었어요. 그중 하나를 꺾어 코에 대어 보았죠. 알싸한 진초록의 내음이 길게 늘어지는 일요일 오후를 확 깨우더군요. 솔 순을 손에 들고 걸으며 자꾸 냄새를 맡았어요. 정말 기분 좋은 향이었어요. 무릎 높이의 키로 자란 구절초 앞에 다가갔어요. 크림빛 꽃잎에 샛노란 수술이 총총히 박힌 꽃의 냄새를 맡기 위해 허리를 숙이니 의외의 냄새가 났어요. 아기의 똥인 듯 순한 똥 냄새.

나에게는 무슨 냄새가 날까요? 어딘지 모르게 약간 구리거나 마땅히 지녀야 할 향기를 품지 못하면 어쩌나 하는 생각도 들었어요. 청명한 솔 향기는 아니어도 생각지도 못한 의외의 향을 풍기는 쥐똥나무를 욕심내어 보았답니다.

혼자가 아니에요

 관곡지 앞 카페 '연'을 나오다가 보았지요 작은 물항아리 속 백일 된 아가의 뽀오얀 얼굴 같은 수련을요 그리고 물속 꽃잎을 감싼 겉껍질이 벗겨지기 시작하는 꽃봉오리까지요 어쩌면 항아리 속 그 작은 파문들은 꽃망울의 손짓인지도 몰라요

 하얀 털의 노란 점박이가 있는 고양이 한 마리 비에 젖은 블루베리 나무 아래 앉아 수련이 피는 것을 지켜보고 있었지요 홀로 피는 수련도 혼자가 아니고 고양이도 혼자가 아니었어요

 진자리에 뿌리를 묻고 태어나 자신의 품에 고개를 묻듯 수면 위에 잠이 들고 꽃대를 구부려 스르르 물속으로 돌아가는 우리지만 기척 없는 곳에서 누군가는 지켜봐 주니까요

당신의 그리움은 안녕한가요

화단 조경석 사이를 빠져나온
한 뼘 크기 지렁이 한 마리

붉은색 콜타르가 뿌려진 자전거도로 지나
모래 섞인 보도블록 위에서 버둥대고 있다

뜨거운 햇살이 지렁이의 몸을 창처럼 꿴다

음지의 삶을 운명처럼 받아들였지만
가끔은 그 캄캄한 적막이 못 견디게 서러웠으리라

그 대책 없음에 발목이 잡혀
떨어진 장미 꽃잎 주워 덮어주었다

당신의 그리움은 안녕한가요

선재길에서

월정사 선재길을 걷다가
우연히 들어간 숲
나무들은 저마다 이름표를 달고 있었다
더러 사진도 놓여 있었다

생생한 꽃다발이 놓인 소나무 앞

부화한 지 며칠 되지 않은 듯한
어린 거미 한 마리
길고 가느다란 다리로
꽃잎을 더듬고 있었다

어디서 왔을까
무슨 흔적을 찾고 있는 건가

늦가을 찬 서리에 떠밀려 떠났다가
지워지지 않는 그리움 있어
다시 돌아온 걸까

너의 목소리가
너의 웃음이
매일매일 그리워

제문을 읽듯
아크릴판에 새겨진 문장을 읽어주었다

거미의 눈물
숲을 촉촉이 적시고 있었다

합장

수리산 수리사 가는 길
굽은 산길 양쪽 느티나무
서로 손잡아 그늘을 만들고 있었다

일주문 들어서기 전
절을 찾는 발걸음 맞이하는
마중탑 하나

비바람에도 무너지지 않게 되기까지
수많은 시간이 필요하다는
자연석으로 만든 탑

여기저기 흩어져 있다가
모여서 탑이 된 돌들

어깨를 왼쪽으로 살짝 틀어주거나
엉덩이를 뒤로 빼주기도 하고
발끝을 모아 서로의 틈을 메워주기도 하며

서로가 서로에게 맞추었을 듯한데

바람도 햇살도 같이 맞으며
인연으로 쌓아온 시간

제 탑의 일부가 된 당신을 위해
두 손 모아 봅니다

헛바늘만 돋아나

바람 한번 쐬고 싶어 찾아간 동국사
대웅전 뒤란에 꽃무릇 피어 있더라

오직 일념인 듯 잎 하나 없는 매끈한 꽃대
꽃잎도 수술도 붉디붉더라

속눈썹에 내려앉는 슬픔처럼
가느다란 수술 끝 점점이 매달린 꽃가루

속으로 맺혔던 핏방울
시린 하늘 아래 뚝뚝 흘리고 있더라

삶이 인적 없는 절간 되어도
그리움을 접을 수 없다던 너의 얼굴 같아

울컥울컥해지는 나는
입안 깊숙한 곳 헛바늘만 돋아나더라

제3부

하울링

예상치 못한 당신의 하울링에 잠을 깼다

한밤중 그 소리는 평온을 깨트리고
공기 속에 날 선 바늘을 심어놓았다

그동안 당신의 핏줄 속에 흐르는 늑대의 피를
우주가 피워낸 본성의 꽃송이를
나 잠시 잊고 살았던 것일까

무언가 가슴속 공명통을 두드렸다

잃어버린 하와를 부르는
당신의 하울링에

난 빠져나온 흉곽으로 돌아가는
길을 찾는다

포도 먹는 방법

그게 아니에요

그렇게 엄지와 검지만으로 알맹이를 똑똑 따는 것이

다섯 손가락을 이용해 움큼씩 따야 해요

땄으면 입을 크게 벌리고 한꺼번에 넣어 보세요

손바닥에 묻어 있는 과즙도 핥아요

혹여 껍질이 질기더라도 뱉지 마세요

씨앗은 꼭꼭 씹거나 알약처럼 꿀꺽 삼켜보세요

한 알씩 따먹다가 신맛이 나더라도 손을 멈추지 마세요

그렇게 얄팍하면 안 되는 거잖아요

알맹이만 먹고 싶다면 차라리 포도봉봉 캔을 드세요

당신에게는 인스턴트가 맞는 것 같아요

아, 씨앗

원형질을 먹는다는 것은

얼음을 녹이고 부풀어 오르는 봄 흙이 되는 일이랍니다

오롯이 다 드세요

구절초

소나무와 느티나무가 있는 화단
겨우내 쌓여 있던 낙엽을 걷어내니
실낱같은 몸으로
새싹을 키우고 있는 구절초

늦가을 찬 서리에 꽃잎 내어주고
차가운 땅속에 웅크려
뿌리만은 지켜내며
날이 풀리기만 기다렸던 걸까요

그 안간힘
못 본 척 돌아설 수 없는 건
추억의 갈피 속
압화로 박힌 당신 때문입니다

민물가마우지

장대비 쏟아지고
흙탕물 일렁이는 물왕저수지

무넘기에 잔뜩 웅크린 채
비를 맞고 있는
검은 깃털 민물가마우지를 봤어요

견뎌야 할 어떤 슬픔이라도 있는 듯
앞가슴이 젖고 있던 가마우지

장대비 쏟아지던 날 물왕저수지에 가서
우산을 쓰고도
나는 가슴이 젖어 돌아왔는데

당신에게도
그런 날이 있었나요

목련나무를 보다가

초록이 무성한 목련나무
지난밤 내내 비를 맞더니
푸른 잎들은 헝클어지고
가지는 축 처져 버렸다

빗방울에 멍들고
장난 같은 바람에도 나부끼어
한 계절 늙어버린 목련나무

김제 외딴집 홀로 계신 선생님
일생 업 삼아 펴내시던 계간지
종간하신다는 소식에 전화를 드렸다

―내 나이 여든넷이야, 이제 고만해야 해, 힘에 부쳐

세상 이치 따라
확실히 정해진 길을 걷는다며
서운함 애써 감추신다

목련은
며칠 후면 기운을 차릴 것 같은데

아랫마을 향해 걷는 사람
등이 점점 작아지는 것 같다

라일락

푸른 정맥 가지마다
저마다 꽃자루 매달고
오종종 피어난 라일락
서로의 향기 나누고 있다

너와 같은 곳에서
네가 내뿜는 숨이 공간을 돌아
나의 숨이 되는 순간을

그렇게 우리 하나이기를
달큰한 라일락 향기
보랏빛 꿈을 일깨운다

만공 토굴에 와서

도비산 중턱
만공선사의 토굴에 숨어들었다

상처 입은 짐승이 되어
어둡고 습한 공간에 주저앉았다

조그만 입구를 통해 밖을 내다보니
얽히고설킨 나뭇가지 사이로 보이는
조 각 난 하 늘

오른손을 들어 입구를 막아보니
한 손으로 가리고도 남는다

바위와 바위 사이
반 평도 안 되는 서늘한 공간

슬픔을 퍼붓고 나니
막힌 숨이 트일 것 같았다

덩굴장미

감기도 아닌 것 같은데
눈에 열감이 느껴집니다

두 손으로 눈을 감싸봅니다
눈의 통증은 여전합니다
눈꼬리 부근을 지그시 눌러 줍니다

그 어떤 처방도 소용없음을
이미 알고 있는 사람처럼

하늘을 떠돌던 구름이
제 무게를 못 견뎌 비로 내리듯

온 마음 채운 사랑
말하지 못하고
눈으로 새어 나올 때 있습니다

가지가 휘도록 꽃을 피워낸 덩굴장미

그 앞에 부풀어 오른 그리움 쏟아내고

부러질 것만 같은 가지
울타리 펜스에 가만히 걸쳐주었습니다

공기뿌리

시민의 강 둔덕에 심어진 낙우송
땅속에 있어야 할 뿌리
뭉툭 뭉툭 튀어나와 있답니다

공기 희박한 강바닥을 헤매던 뿌리
쉴 곳을 찾아 땅 뚫고 올라와
적갈색 공기뿌리 세우고 있지요

기이한 모습에 행인들 발걸음 멈춰
수군거리기도 하고
어째 저럴까 안타까워하기도 하더군요

우둘투둘하게 솟아오른 공기뿌리처럼
드러나면 흉해 보일 것 같은
꼭꼭 숨기고 감추어야 할 마음

그것이 건조한 생을 지탱하는
숨구멍의 무늬 같아

자꾸만 멈춰지는 발걸음

다 당신 때문입니다
다 당신 때문입니다

물음표

꽃은 진작에 다 지고
잎만 무성한 철쭉나무 위
여름 잠자리 맴돌고 있다

뭐가 있길래 저리 맴도는 것일까
다가가 살펴보니
바싹 마른 잔가지와 잡풀만 무성하다

어깨로 쏟아지는 따가운 햇살 받으며
쉼 없이 걸어온 다리 무거운데
한없이 작게만 느껴지는 일상들

내가 모르는 어떤 의미가 숨어 있는지
빙빙 날고 있는 잠자리 날개에
풀죽은 마음이 가서 앉는다

자목련

칠월 장마 한창인데
진초록 잎 무성한 자목련나무
홍등 같은 꽃봉오리 맺고 있네요

꽃 피우고픈 마음 따라
가지 끝 물관까지 다 열어젖혔을
목련나무

당신은 아시나요
계절을 잊은 채
열망의 꽃 피우고픈 제 마음을

난파선

작은 통통배 같던 그녀가
인지 저하증이라는 폭풍우에 갇혔다는
소식을 들었을 때
발톱을 세우고 달려드는 세월을 원망했지만
섣불리 손을 뻗을 수는 없었다

일곱 살에 고아 되어
큰어머니 부엌이 항해의 시작이었다던
일생을 출렁거리는 바다에서
소금 바람에 몸이 녹슬도록
그물을 놓고 생을 건어 올리던 그녀

조타실 키는 어쩌다 잃어버린 걸까

기억은 파도에 실려
자꾸만 연안을 벗어나고
부서진 배의 조각처럼 떠도는
자식에 대한 그리움

오늘도 프라임 요양원 창가에 서서
셋째 아들 그림자를 찾는다

부추전

억센 부추 숭숭 썰고
잘 여문 청양고추 다지다 보면
손톱 밑이 아리지만
당신이 좋아하니 괜찮아요

윤기 나는 달걀 톡톡 풀고
눈을 맵게 하는 양파도
익으면 달달해지니
송송 썰어 넣겠어요

앗 그래도
뭔가 미진한 것 같아
냉동실 조갯살 쫑쫑 다져
솔솔솔솔 바다향 첨가

이제 부침가루 넣고 버무리면
다 된 것 같지만
쉿

제각각의 재료들이 숨을 죽이고
서로 받아들일 시간을 줘야 해요
당신과 내가 지나온 시간들처럼

다시 만나요

은은한 향기로 반겨주던 화병의 백합
시들기 시작하여 베란다에 내놓았어요

너무 따뜻한 거실 온도
버거워하리라 생각 못 했었지요

유리문 밖에서 생기를 회복하고
다시 환하게 피어나는 꽃봉오리들

물속에 잠긴 꽃대 잘라주며 생각했어요
긴 인연을 위한 아픔이라고

조금은 서늘한 베란다에서
따스한 거실을 향해 꽃을 피우듯

한걸음 떨어진 인연
언젠가는 다시 만나겠지요

제4부

참 다행입니다

언제나 붉은 것들에
마음을 빼앗긴답니다

공원을 걷다 마주친
덩굴장미 그 치명적 미혹에

손을 뻗을까 말까
잠시 흔들리다 그냥 두고 왔답니다

햇살 아래 찬란한 것은
햇빛 아래 두고

마음에 묻어둘 것은
섣불리 들추지 말아야겠지요

있어야 할 자리를 알아가는 것 같아
참 다행입니다

남방돌고래

푸른 물결 일렁이는 제주 바닷가
죽은 새끼를 주둥이에 얹고 다니는
남방돌고래 한 마리

인공호흡이라도 시키는 걸까
물 위로 던져 올렸다가
늘어진 몸이 가라앉으면
떠올리기를 반복하고 있다

TV를 보던 나는 불현듯
세월 속에 납작해진 가슴이 아려왔다

품에 안고 젖을 먹여본
사람은 알지

퉁퉁 불은 젖이 흘러내리는 고통을
심장이 너덜너덜해져도 멈춰지지 않는 아픔을

서너 마리 고래들 조문하듯
어미 고래를 빙 둘러싸고 있다

초 한 자루

흰 국화꽃으로 둘러싸인 사진 속 그는
한 점 구름 없는 하늘처럼
푸르게 웃고 있었다

원기둥의 하얀 양초
적막한 빈소를 홀로 밝히고 있었다

길게 늘어지는 그림자 벗 삼아
논두렁길 걷고
추위 타는 엄마를 위해
이른 저녁부터 나무보일러 불을 지피던 그

다른 삶의 모습 꿈꾼 적도 없는
지체 장애 2급
그의 삶

일 년에 며칠 동생 집에 와
맛있는 음식 실컷 먹는 낙으로 살더니

사달라던 점퍼 입어보지도 못하고
그림자를 거두어 갔다

삼 일 밤낮을 켜놨건만
세상 미련이 많은지
다 타지 못한 초 한 자루

촛농이 그렁그렁한 초를
종이 국화꽃으로 눌러 끄고
그를 보냈다

첫눈 오던 날

앙상한 느티나무와
씩씩하게 푸른 소나무
발그레 단풍 들던 벚나무 위에
털옷 같은 흰 눈이 내렸다

각기 다른 두께에
저마다 다른 사연으로
눈을 얹고 있는 가지들

아마도 나무는
온몸을 감싸주는 저 포근함으로
헐벗은 계절을 견디는 것 같다

내 응달을 지키는
녹지 않는 눈사람 하나로
오늘을 살아가는 나처럼

수타사 계곡에서

매미 소리 물장구치는
계곡 물에 발을 살짝 담가 봅니다

부드러운 물결이 지친 발을 쓰다듬고
마음을 간질이며 지나갑니다

휘파람을 불며 손짓하는 물결 속으로
무릎이 젖을 정도로 들어가 봅니다

드센 물살에 잠시 휘청거리지만
돌아서 나오기는 싫습니다

이끌리듯 물결의 한가운데로 들어서니
세상 모든 소음은 밀려나고
오직 한 목소리뿐입니다

진박새 한 쌍
다정히 날고 있었습니다

바래복사나무

아침 눈 뜨고 제일 먼저 하시는 건

거실 벽에 걸린 손주 사진 향해

울퉁불퉁한 손 모으고 하는 축원

마늘밭 고추밭 깨밭 돌며

천만번 꿇어 닳은 무릎

공손하게 가지런히 붙이고

아파트 주차장 담벼락에 기댄 채

꽃 다음으로 오는 열매 지켜달라고

제물 올리듯 꽃을 피워내는

바래복사나무 같은

간절한 기도의 자세가

서운함으로 달그락거리던

내 마음의 소리마저 거둬 갔다

오늘도 꽃이 피었다

춘백

돌덩이들 강물처럼 흐르다 멈춘
만어사 앞 산비탈
붉은 드레스 입고 서 있는

살결 고운 봄바람은
자꾸만 치맛단 부풀려 올리고

여미고 여며도 벌어지는 가슴골
샛노란 꽃밥마저 언뜻언뜻 내비치는데

돌강에서 물고기와 놀던 동박새
홀린 듯 다가와 덥석

연둣빛 날개 펼쳐 아득히 감싸고
꿀처럼 달콤한 말
하롱하롱

기나긴 입맞춤에

삼성각 옆 마애불 만어산 구름 불러들여
짙은 안개 피워 올린다

백순이

시골집 내려와 보니 백일도 안 된
마루 밑 허름한 이불에 코를 묻고 자는
이름도 없는 강아지 한 마리

하얀 털을 가져서 백순이라 이름 지어주고
그 아이와 함께
뒤란 쪽문 지나 넓은 농로를 걸었다

조금 경사진 길도 쉽게 내려오지 못하고
뒤돌아갔다가 달려오기를 반복하더니
좁은 논두렁에선 안절부절못한다

안고 가다가 조금 넓은 길에서 내려주니
배추흰나비 곁을 쫄랑쫄랑하고
마른 억새 소리에도 놀라 멈칫거렸다

둘이서 걷다가 장화 신은 아저씨 따라가고
아무리 불러도

그 아저씨 곁에서만 쫄쫄거렸다

누가 자기 주인인지 모르는 하룻강아지

열일곱에 도망치듯 집 떠나와
실업고 책상에서 하품하며 눈 비비던
그 아이 같은 강아지

양덕동을 합포구를 마산시를 살금살금 걷고
음악다방을 기차여행을 야금야금 다니던
생의 주인처럼 살고 싶어 하던 그 여자

마시란 해변

마음이 멍들어 검붉은 숨이 올라오면
마시란 해변에 가고 싶어요

양말을 벗어 맨발을 드러내고
뭇시선일랑 홀러덩 벗어버리고
모래밭에 몸을 누이고 싶어요

마음을 풀어헤친 채
울혈 부위에 햇살 침을 맞고

목화솜 같은 바람의 시트를 덮고
파도 소리가 이끄는
최면의 세계로 빠져들고 싶어요

괭이갈매기 날아와 곡비처럼 울어 주면
내 마음 달래주고픈
당신의 전서구라 믿을래요

플라타너스

난 얼룩무늬 플라타너스
높다란 가지 위 까치집 얹고 있지요

당신이 둥지를 틀던 이른 봄
생전 처음 저만의 것이 생긴 것 같아
어린잎 반짝이며 좋아했었지요

폭풍우 쏟아지던 여름밤
무성하게 자란 푸른 마음 펼쳐
이 세상 모든 비 가려주고 싶었답니다

바람 불면 온 마음 다해
가지 오므려 둥지를 붙잡았고
그 둥지에 한없이 스며들었다고 생각했었지요

당신 떠나버린 빈 둥지에
벌레 먹은 마음만 남았을 때
난 버짐 같은 눈물로 얼룩졌답니다

주상절리

당신과 이별하고 돌아와
용암의 뜨거웠던 시간을 기억하는
고성 앞바다 주상절리에 갔었어요

찢어진 가슴처럼 쩍쩍 갈라진 바위는
모래 속으로 사라지고 만
푸른 물방울 찾아 헤매는 것 같았지요

메워지지 않는 틈 틈 틈 사이
말라버린 화초의 기억이
밀려왔다 쓸려가곤 하더군요

난 알맹이를 잃어버린 조개껍데기 되어
파도에 밀려 모래를 안았다가
등지기를 반복하며
가슴에서 죽어버린 것들을 애도했답니다

만조 수위를 채우고서야

밀려들기를 그만두는 밀물처럼

당신을 만조로 채웠다 비우는 사랑
일만 년 주상절리로 세워두고 돌아왔답니다

상족암에서

야트막한 산과 이어진 고성 바닷가
공룡 발자국 찾고 있는 사람들

말랑말랑한 진흙층이었을 때
걸음마다 찍힌 흔적들

물과 바람의 손길 빌어
드러나는 지난 모습들

물때에 따라 보이기도 하고
파도가 덮어버리기도 하는 옛일

용암처럼 뜨겁던 마음속
온통 당신이던 발걸음들

눈빛 하나로 하늘을 열어주던
익룡 같던 사랑

찾아질까

찾으려 애쓰면 찾을 수 있을까

안동에서

혼자 다니는 여행
낯선 어둠에 쫓겨 들어간 안동역 작은 호텔
객실 창문이 내부 복도 쪽을 향해 있다고 했어요

어차피 어둠이 짙어지면
실루엣만으로 보일 풍경들
내다볼 일 없을 것 같았지요

잠이 오지 않는 한밤중
창문을 열어
어두운 바람이라도 보고 싶었으나

창문은 벽걸이 TV 위
직사각형으로 굳게 입을 닫고 있었어요

가슴 단추를 풀지 못하고
혼자 떠도는 여행

잠이 오지 않는 한밤중
창 앞을 서성이는 어두운 바람이었던
당신 향해 작은 창문을 열어요

다시 봄

쥐똥나무 회백색 가지에
돋아나기 시작하는 새싹처럼
눈곱만큼 전해 듣는 당신 소식

봄바람 다가오는 소리에
노루귀꽃 솜털 쫑긋 세우듯
당신의 숨결 들릴까 하여
가만히 열어보는 마음의 세포들

살포시 피어난 제비꽃
당신 입술 찍어 보낸 보랏빛 연서 같아
남몰래 입 맞추어 보았어요

환생하듯 돌아오는 봄꽃들 보면
어김없이 그리움도 되살아나는데
당신은 언제쯤 내 곁에 오나요

해설

당신과 가족, 그리고 불교 제재

공광규(시인)

1.

첫 시집『당신의 그리움은 안녕한가요』를 출간하는 송성련 시인은 경남 사천에서 태어나 2018년 《예술가》로 등단했다. 산문집으로『젖이 돌다』가 있으며, 현재 부천여성문학회 회원으로 활동하고 있다. 시인은 '시인의 말'에서 "당신의 사람이라고/당당하게 말하지도 못하고/그렇다고 떠나지도 못하면서/행여 옷자락 밟을까 전전긍긍하는/음지의 사랑을 압니다."라고 고백하고 있다.

시에 꽃과 나무, 짐승을 풍부하게 동원해 독자에게 풍만한 서정을 선사하는 재능을 가진 송성련 시의 제재적 특징은 관념 또는 구체적 대상으로서 당신과 가족, 그리고 불교일 것이다. 시인의 시에 나타난 '당신'은 시편에 따라 부모라는 구체적 대상을 가리키기도 하지만, 현실에 없는 과거의 어떤 추억의 대상이기도 하고, 불특정 가상의 대상으로 해석되기도 한다.

또 가족은 엄마, 어머니, 시어머니, 동생, 아들, 노모가 시골의 풍경과 함께 등장한다. 이들이 구성하는 가족 서사는 시인이 갖고 있는 정서의 근원 한 부분으로도 읽히기도 한다. 여러 사찰명과 스님의 법명, 불교 용어, 절에 가는 길에서 만나는 동식물과 계곡 등 사물은 시인의 종교관을 투영하고 있으며 시집 전체를 관통하는 인생관의 기저를 이룬다.

2.

송성련은 다수의 시편에서 '당신'을 호명한다. 이 많은 '당신'들은 독자에게 많은 궁금증을 준다. '당신'은 독자를 유혹하는 시인의 전술임에 틀림없다. 시를 읽어가다 보면 결국 당신은 구체적인 누군가를 지시하는 대명사가 되기도 하고, 막연해서 잡히지 않는 어떤 관념적 대상이 되기도 하는 것 같다. 시인은 '당신'이라는 2인칭 대명사를 다양하게 활용해 "그리움과 외로움, 희망의 쓸쓸함"의 폭을 증감시켜 독자에게 시에 대한 호기심과 정서적 쾌감을 가져다준다.

　　두꺼운 커튼을 젖히고
　　무심히 내다본 창밖

연분홍 잇몸 드러내고
새하얀 젖니로
봄을 깨물고 있는 매화

한걸음에 달려 나갔다

당신,
언제부터 서 있었던 거예요?

　　　　　　　　　—「매화 피다」 전문

  인용 시는 단형 서정시의 절창이라고 할 수 있다. 무심과 우연에서 놀라움을 맞는 시인의 서정적 충동을 극적으로 표현하고 있다. 연분홍 잇몸과 새하얀 젖니, 매화가 봄을 깨물고 있다는 감각적 비유와 심상이 빛난다. 아무튼 무심히 내다본 창밖에 피고 있는 매화에 대한 놀라움, 매화를 향해 달려 나가는 화자의 행동, 매화에서 환기하는 '당신'이 독자에게 시 읽는 즐거움을 선사한다. 당신은 매화일 수도 있고 매화처럼 환하고 깨끗한 어떤 대상일 수도 있다. 다른 시 「자목련」의 의미구조도 「매화 피다」와 같다. 화자는 자목련이 핀 목련나무에게 "당신은 아시나요/계절을 잊은 채/열망의 꽃 피우고픈 제 마음을"이라며 당신을 호명한다. 당신은 자목련꽃일 수도 있고,

실제 존재했던 어떤 인물이거나 어떤 상상 속의 대상일 수도 있다. 애매성을 활용한 시인의 전략이다.

> 위잉 하는 기계 소리에 창밖을 내다봅니다
> 화단의 웃자란 망초꽃
> 예초기에 잘리고 있었지요
> 들판에 자리했다면 잘려나가지 않았을 텐데
> 초록 내음이 슬픔으로 퍼지더군요
> 삶의 중심부로 들이지 못한 당신을
> 아주 잠깐 생각했어요
> 인연이 아니게 된 당신이지만
> 마음만은 완전히 잘려나가지 않고 있었나 봐요
> 며칠 뒤
> 주저앉은 망초꽃 거두어진 자리에
> 키 작은 풀들이 땅을 덮고 있는 모습
> 슬픔이 완곡하게 자라고 있었지요
> ―「완곡한 슬픔」 전문

이 시는 반전의 절창이다. 시인의 밀도 있는 비유와 시적 구성 능력을 잘 보여주고 있다. 예초기에 잘려나가는 망초꽃대와 잘려나가도 서서히 자라는 풀에 인간의 인연과 운명을 비유하고 있다. 망초꽃은 화단에 피어 있기 때문에 예초기에 잘려나가야 한다. 들판에 자라고 있었다면 잘려나가지 않았을 것이라는 평범한 진술이 깊은 의미를 암유한다. 화자는 풀이 잘려나가면서 풍기는 냄새에서 슬픔을 환기한다. 사람도 결국은 상대의 중심부로 들어가거나 들어가지 못하면 눈앞에 보이는 상황처럼 서로 이별의 운명을 맞을 수밖에 없을 것이다. 그러나 이별은 하지만 마음은 꺼지지 않고 남아 있을 수 있다. 어느 상황에서는 마음이란 물건은 잘라도 다시 자라나는 풀처럼, 망초꽃대처럼 완곡하게 자란다.

    화단 조경석 사이를 빠져나온
    한 뼘 크기 지렁이 한 마리

    붉은색 콜타르가 뿌려진 자전거도로 지나
    모래 섞인 보도블록 위에서 버둥대고 있다

    뜨거운 햇살이 지렁이의 몸을 창처럼 꿴다

    음지의 삶을 운명처럼 받아들였지만
    가끔은 그 캄캄한 적막이 못 견디게 서러웠으리라

    그 대책 없음에 발목이 잡혀
    떨어진 장미 꽃잎 주워 덮어주었다

당신의 그리움은 안녕한가요

　　—「당신의 그리움은 안녕한가요」 전문

　2023년 통계청 기준 대한민국 도시화율은 92.1%인 것으로 알려졌다. 따라서 사람이 다니는 대한민국 차도나 인도, 운동 시설 등 거의가 시멘트나 보도블록, 아니면 콜타르 같은 화공 물질로 덮여 있다고 보면 된다. 사람들의 편의를 위해 화공물질로 흙을 덮어버리니 풀이나 곤충은 물론 파충류가 땅을 뚫고 들고나며 살 수 없다. 때문에 도시나 시골의 도로나 보도블록 위에 나온 지렁이가 말라 죽는 것을 자주 볼 수 있다.

　화자는 지렁이를 보고 "음지의 삶을 운명처럼 받아들였지만/가끔은 그 캄캄한 적막이 못 견디게 서러웠으리라"고 추정한다. 시인은 음지의 삶과 운명, 적막, 서러움을 화자에게 투사한다. 화자는 자신과 닮은 지렁이의 처지가 안타까워 장미 꽃잎을 주워 덮어준다. 이 동병상련과 측은지심의 행위 끝에 화자는 묻는다. "당신의 그리움은 안녕"하냐고.

3.

　가족은 개인의 인격과 정서 형성에 큰 영향을 끼친다. 특히 어렸을 때 성장 과정에서 가족으로부터 받은 영향은 평생을 따라다닌다. 우리가 태양 아래 살고 있는 한 그늘을 거느리고 있어야 하는 것처럼 가족들의 그림자를 거둬 없애기는 쉽지 않다. 그림자를 없애는 단 하나의 방법은 자기 몸을 끌고 그늘로 들어가는 것인데, 이는 임시방편일 뿐이다. 사람은 그늘에 서만 살 수 없기 때문이다.

> 서리 맞은 고춧대가 부른다며
> 낫 한 자루 친구 삼아
> 안골 밭으로 가는 노모
>
> 도톰하니 벼린 낫으로
> 잡풀 베어 길을 트고
> 엉켰던 줄기 걷어내어
> 햇살 아래 꺼내놓은
> 자식 같은 고구마
>
> 구멍 뚫린 뼈처럼
> 진기 빠져가는 낫
> 소마구 담벼락에 비스듬히 기대놓고
> 구부려 주무시는 얼굴에
> 낫의 정령이 포개진다
> ―「낫의 정령」 전문

현재 5070세대 부모들은 식민지와 전쟁을 겪은 이후 폐허가 된 국토에서 농업에 의존하여 생존해야 했다. 절대 가난의 시대에 이들의 헌신적이고 소모적인 삶은 이루 말할 수 없이 험난했다. 농경사회에서 낫은 아주 중요한 농사 도구 가운데 하나다. 화자는 낫에 정령이라는 정신적 의미를 부여해 평생 농사를 짓다가 낫 모양으로 등이 굽은 노모의 외형을 낫의 외형에 비유하고 있다.

낫은 시골 농사꾼들의 친구다. 화자의 노모도 낫을 친구 삼아 안골 밭으로 서리 맞은 고춧대를 정리하러 가고, 잡풀을 베어 길을 트기도 하고, 고구마 줄기를 걷어내고 자식같이 정성으로 가꾼 고구마를 햇살 아래 꺼내놓기도 한다. 이런 만능의 도구도 오랫동안 사용을 하면 닳고 닳아 가늘어지고 진기가 빠진 듯 야위어간다. 소마구는 외양간의 방언이다. 외양간의 담벼락에 비스듬히 기대어 놓은 낫과 몸을 구부려 자는 노모가 닮았다. 유사성을 활용한 비유의 절창이다.

> 다섯 남매 배냇저고리부터
> 명절날 벗어놓고 간 양말까지
> 치대고 문지르던
> 까만 물때 낀 빨래판
>
> 퉁퉁 불어

모서리가 닳은 채
욕실 타일 벽에 기대고 있다

생선 광주리
머리에 이고 다녀도
그림자처럼 달라붙던 가난

앞서 떠나간 아들
슬픔의 자궁에 품고
비탈진 다랭이논
땀으로 물 대던 어머니

키 낮은 시골집 욕실
목욕 의자에 앉아
물결무늬로 출렁이고 있다

—「빨래판」 전문

    시인은 어머니가 사용하던, "욕실 타일 벽에 기대고 있"는 빨래판에서 어머니의 고난과 헌신을 상기하고 있다. 화자를 포함한 "다섯 남매 배냇저고리부터/명절날 벗어놓고 간 양말까지/치대고 문지르던" 빨래판이다. 농사는 물론 생선 광주리를 머리에 이고 다녀도 달라붙던 가난을 지나온 것도 서

럽지만, "엄마를 위해/이른 저녁부터 나무보일러 불을 지피던"(「초 한 자루」) 아들 하나를 앞서 보냈으니 세상이 무너지는 슬픔이었을 것이다.

이런 노모의 헌신은 자식 대에도 끝나지 않는다. 손주에게까지 몸과 마음을 소진시킨다. 그래서 어머니가 "아침 눈 뜨고 제일 먼저 하시는 건//거실 벽에 걸린 손주 사진 향해//울퉁불퉁한 손 모으고 하는 축원//마늘밭 고추밭 깨밭 돌며//천만번 꿇어 닳은 무릎"(「바래복사나무」)이 될 때까지 몸으로 마음으로 빌고 비는 것이다.

시 「난파선」은 요양원에 입원 중인 어머니를 비유하고 있다. 젊어서는 "작은 통통배 같던" 어머니였다. 그러나 나이 많은 노인이 겪는 것처럼 어머니 또한 요양원에서 "인지저하증"에 갇혀 살고 있다. 식민과 전쟁이 낳은 것일까? 일곱 살에 고아가 되어 파란만장한 생을 건너온 어머니다. 그러면서도 어머니는 인생을 통해 가장 아픈 구석인 먼저 보낸 자식에 대한 그림자를 놓지 않고 있다.

4.

송성련의 시집 속에는 다수의 불교 제재들이 돋보인다. 사찰과 스님의 법명, 불교 용어, 절 주변에서 만나는 동식물이 시인의 종교관을 투영하고 있다.

시인은 「헛바늘만 돋아나」에서 바람을 쐬고 싶어 찾아간 동국사에서 대웅전 뒤란에 피어 있는 꽃무릇을 보며, "그리움을 접을 수 없다던 너의 얼굴"을 상상하기도 한다. 「만공 토굴에서」는 화자가 "상처 입은 짐승이 되어" 도비산에 있는 어둡고 습한 공간인 만공 토굴에 찾아가 주저앉아 슬픔을 퍼붓고 막힌 숨이 트일 것 같은 자기 치유를 한다. 「수타사 계곡에서」는 계곡물에 발을 담고 "세상의 모든 소음"을 밀쳐내고 한 목소리를 듣는다. 이 계곡에서 화자는 진박새 한 쌍이 다정히 날고 있는 것을 본다.

> 부화한 지 며칠 되지 않은 듯한
> 어린 거미 한 마리
> 길고 가느다란 다리로
> 꽃잎을 더듬고 있었다
>
> 어디서 왔을까
> 무슨 흔적을 찾고 있는 건가
>
> 늦가을 찬 서리에 떠밀려 떠났다가
> 지워지지 않는 그리움 있어
> 다시 돌아온 걸까
>
> ―「선재길에서」 부분

화자가 걷고 있는 월정사 선재길은 길 이름을 화엄경 선재동자에게서 가져왔을 것이다. 선재동자는 화엄경 입법계품에 등장하는 구도자로, 53명의 선지식을 찾아다니며 불도를 구하는 인물이다. 선재(善財)라는 이름은 그가 태어날 때 집안에 재물이 가득했다고 하여 붙여진 이름이며, 동자(童子)는 나이가 어리면서도 도를 구함에 있어 순수하고 정성스러운 모습을 비유적으로 표현한 것이다. 남쪽으로 순례를 떠나는 모습 때문에 남순동자(南巡童子)라고도 불린다.

화자는 선재길을 걷다가 우연히 숲으로 들어간다. 나무들은 저마다 이름표를 달고 있거나, 사진을 붙여놓은 곳도 보인다. 소나무 앞에는 아직 시들지 않은 꽃다발이 있다. 화자가 들어간 곳은 수목장인 것이다. 불교에서 죽음은 육신의 끝이기도 하지만 윤회의 처음이기도 하다. 죽음을 사유하는 화자는 꽃잎을 더듬고 있는 어린 거미를 발견하곤, 어디서 왔을까 하고 질문한다. 그리고는 스스로 답을 한다. 꽃에게, 그러니까 죽은 이에게 "지워지지 않는 그리움 있어/다시 돌아온 걸까" 하고.

남은 사람에 대한 어떤 미련이 있어 죽었던 어느 사람이 거미로 태어나 꽃잎 위로 돌아왔다는 윤회적 상상이다. 화자는 거미를 위해 "너의 목소리가/너의 웃음이/매일매일 그리워"라는 수목장한 나무에 매달려 있는 아크릴판 문장을 읽어준다. 그걸 듣는 거미가 눈물로 숲을 촉촉이 적시고 있다는 상상을 한다. 거미와 시인, 곤충과 인간의 합일이다.

일주문 들어서기 전
절을 찾는 발걸음 맞이하는
마중탑 하나

비바람에도 무너지지 않게 되기까지
수많은 시간이 필요하다는
자연석으로 만든 탑

여기저기 흩어져 있다가
모여서 탑이 된 돌들

어깨를 왼쪽으로 살짝 틀어주거나
엉덩이를 뒤로 빼주기도 하고
발끝을 모아 서로의 틈을 메워주기도 하며
서로가 서로에게 맞추었을 듯한데

바람도 햇살도 같이 맞으며
인연으로 쌓아온 시간

―「합장」 부분

화자는 수리산 수리사 가는 산길에서 만난 느티나무와 느티나무가 서로 손잡고 있는 모습을 통해, 남녀든 암수든 협력을 통해 어떤 일이 성사됨을 암시한다. 일주문 들어서기 전에 마중탑이 있는데, 이 자연석으로 만든 탑도 각기 흩어져 있던 것들이 만나서 이루어진 것이다. 만남은 인연이다. 돌조차 어떤 인연으로 모여서 탑을 만들었다. 각기 흩어져 있던 돌들이 "어깨를 왼쪽으로 살짝 틀어주거나/엉덩이를 뒤로 빼주기도 하고/발끝을 모아 서로의 틈을 메워주기도 하며/서로가 서로에게 맞추었을 듯"하다는 상상력과 의인화가 빛난다. 탑을 이룬 돌들은 햇살과 비바람을 같이 맞으며 시간을 인연으로 쌓아온 것이다. 화자는 탑 앞에 서서 합장한다. 그리곤 '탑의 일부가 된 당신을 위해' 기도한다. 사람이 서기까지 혼자가 아니라 어떤 인연이 세운다는 시인의 메시지다.

「붉은 이끼」에서 화자는 관음보살을 보러 상원사를 오르며 계곡 바위 한쪽에 덮여 있는 이끼를 발견한다. 열악한 환경에 악착같이 뿌리를 내린 붉은 이끼에서 시리아 내전과 기아를 피해 국경을 넘다 붙잡혀 바위에 머리를 찧어 흐르던 난민의 피를 상상한다. 「구룡사 법문」에서는 살림살이가 걱정될 정도로 고요한 곳, 텅 빈 절을 가득 채우는 것은 절에서 키우는 강아지와 앞산의 까마귀의 울음과 동백이 열매를 떨어뜨리거나 풀벌레 울음소리들이 진언이라고 한다. 모두가 부처님 법음인 것이다.

5.

문장 속에 상당수의 화초와 수목, 짐승을 동원해 독자에게 풍만한 서정을 선사하는 송성련 시인의 시를 세 갈래 제재적 특징으로 분류해 살펴보았다. 시인은 시집 속의 시편들 가운데 빈도 높게 나타나는 '당신'이라는 2인칭 대명사가 주는 효과와 의미, 즉 독자 유혹과 구체적 대상으로서 가족이거나 불특정한 상대로서 '당신'을 추리해 보는 즐거움을 독자에게 주고 있다.

그리고 가족 서사를 통해 피식민지 경험과 전쟁의 결과로 폐허가 된 국토에서 어려운 삶을 산 화자의 전 세대인 어머니, 즉 농경사회에서 절대 가난의 시대를 건너온 어머니의 정신적 헌신과 육체적 소진을 비유적으로 형상해 보여주고 있다. 독자들은 시인이 진술한 파란만장한 고해의 바다를 건너와 난파된 한 인간의 면모를 통해 자신의 삶을 돌아보게 된다.

시인은 또 불교 제재를 통해 시집 전체에 흐르는 삶의 고통과 인연, 운명, 우연 등 고유한 자신만의 인생관을 행간에 투사시키고 있다. 불교는 시인의 존재를 지탱하는 어떤 정신적 지주로 보인다. 이러한 시인의 은밀한 정조는 오히려 독자에게 확고한 믿음을 부가한다. '음지의 사랑'을 아는 시인의 문장을 많은 독자들이 만나 잠시나마 행복에 젖어 보기를 바란다.

문학의전당 시인선 390

당신의 그리움은 안녕한가요

ⓒ 송성련

초판 1쇄 인쇄	2025년 7월 24일
초판 1쇄 발행	2025년 7월 31일
지은이	송성련
펴낸이	고영
디자인	헤이존
펴낸곳	문학의전당
출판등록	제448-251002012000043호
주소	충북 단양군 적성면 도곡파랑로 178
전화	043-421-1977
전자우편	sbpoem@naver.com

ISBN 979-11-5896-700-0 03810

*이 책의 판권은 지은이와 문학의전당에 있습니다.
*양측의 서면 동의 없는 무단 전재 및 복제를 금합니다.
*잘못 만들어진 책은 바꿔드립니다.